SOKRATES

Philosophie für unterwegs, Band 16

Zuletzt erschienen:
Band 10: Martha Nussbaum. Philosophin des guten Lebens
Band 11: Albert Camus. Philosoph des Absurden
Band 12: Karl Marx. Philosoph der Verheißung
Band 13: Arthur Schopenhauer. Philosoph des Irrationalen
Band 14: Friedrich Engels. Philosoph der Bewegung
Band 15: Gottfried Wilhelm Leibniz. Begründer der Monadenlehre
Band 16: Sokrates. Philosoph der Selbsterkenntnis
Band 17: Simone Weil. Philosophin der Freiheit
Band 18: Platon. Begründer der Philosophie
Band 19: Konfuzius. Philosoph des rechten Weges
Band 20: Thomas von Aquin. Der Theologe als Philosoph

Prof. Dr. med. Dr. phil. Johannes Thome studierte Medizin, Philosophie und Sozialpsychologie an der Universität des Saarlandes. Philosophische Promotion über „Psychotherapeutische Aspekte in der Philosophie Platons". Wissenschaftlicher Mitarbeiter an der Universität Würzburg. Postdoktorand an der Yale University. Habilitation an der Universität Heidelberg. Oberarzt und Forschungsgruppenleiter am Zentralinstitut für Seelische Gesundheit in Mannheim. Professor of Psychiatry an der University of Wales, Swansea. Gegenwärtig Professor für Psychiatrie und Direktor der Klinik und Poliklinik für Psychiatrie und Psychotherapie an der Universität Rostock.

JOHANNES THOME

SOKRATES

Philosoph der Selbsterkenntnis

mitteldeutscher verlag

Für Felix

Die Reihe „Philosophie für unterwegs“ wird herausgegeben von Florian Russi.

Umschlaggestaltung unter Verwendung einer Zeichnung von Lutz Bolldorf.

Bibliografische Information der Deutschen Nationalbibliothek
Die Deutsche Nationalbibliothek registriert diese Publikation in der Deutschen Nationalbibliografie; detaillierte bibliografische Daten sind im Internet über http://dnb.dnb.de abrufbar.

3., unveränderte Auflage 2024

www.mitteldeutscherverlag.de

Gesamtherstellung: Mitteldeutscher Verlag, Halle (Saale)

ISBN 978-3-96311-458-8

Printed in the EU

Inhalt

Einleitung

Es ist unmöglich, Sokrates' Bedeutung zu überschätzen. Als Erster stellte er den Menschen in den Mittelpunkt der Philosophie und wurde damit vor 2.500 Jahren zum ersten und vielleicht auch einzigen „echten" Philosophen.

Üblicherweise wird Thales von Milet als der erste Philosoph bezeichnet (zumindest im europäisch-griechischen Kulturkreis). Allerdings beschäftigte er sich, wie viele nachfolgende Philosophengenerationen, zunächst ausschließlich mit der Natur und Spekulationen über den Ursprung der Welt. Erst Sokrates leitete eine „kopernikanische Wende" ein, indem er das philosophische Denken nicht mehr um die Welt als Zentrum kreisen ließ, sondern das menschliche Wesen in das Zentrum stellte. So stieß er das Tor zu einem Betrachtungsuniversum auf, in dem sich bis heute alles (europäische) Philosophieren bewegt und aus dem bis heute Philosophie ihren Sinn bezieht, während die Sphäre der alten Naturphilosophie größtenteils in den modernen Naturwissenschaften aufgegangen ist und in den sogenannten Geisteswissenschaften praktisch aufgehört hat zu existieren.

Nur durch Sokrates wurde die Philosophie unsterblich, und auf ihn allein gehen zeitlose und fundamentale philosophische Disziplinen wie die Ethik zurück. Wenn die gesamte europäische Philosophie lediglich eine „Fußnote" zu

Platon ist (Whitehead), muss man sich bewusst machen, dass es ohne Sokrates keinen Platon gegeben hätte und damit auch keinen Aristoteles und somit keine moderne Philosophie, wie wir sie kennen. Denn Platon war Schüler des Sokrates und Lehrer des Aristoteles.

Die Art und Weise des gesamten europäischen Denkens, auch des modernen, ist fundamental griechisch und damit letztlich sokratisch.

Natürlich entwickelt sich eine Persönlichkeit wie Sokrates nicht im „luftleeren Raum". Nur unter den spezifischen Bedingungen der antiken Polisgesellschaft in Athen konnte sie entstehen. Dabei liegt über dem Leben des so humorvollen und geradezu witzigen Philosophen, zu dessen Kernmethoden die Ironie gehörte, eine unsagbare Tragik: Er war sowohl das Produkt der athenischen Gesellschaft, die ihn, den Unorthodoxen und Exzentriker, erst ermöglichte, als auch ihr Opfer, denn sein Leben endete mit der Todesstrafe, die seine Heimatstadt über ihn verhängte.

Leben

Sokrates lebte von 470 bis 399 v. Chr. Über sein Leben wissen wir im Wesentlichen aus drei antiken Quellen: aus den Schriften der Zeitgenossen Xenophon und Platon sowie der Philosophen-Biografie des Diogenes Laertios, der rund 700 Jahre später die Vorstellungen zusammenfasste, die man in der Antike von Sokrates hatte. Sokrates selbst hat – so wie Buddha, Jesus und Konfuzius – keine eigenen Schriften hinterlassen.

Xenophon war in erster Linie ein Militär, der Sokrates zutiefst verehrte. Einmal soll Sokrates ihm sogar das Leben gerettet haben, als er in einer Schlacht vom Pferd stürzte. Wahrscheinlich war aber Xenophons Verständnis für die Lehren und philosophischen Positionen, die Sokrates mündlich v. a. auf dem Marktplatz (Agora) von Athen und bei Festgesellschaften (Symposien = „Partys") vermittelte, limitiert. Außerdem befand er sich des Öfteren auf Feldzügen, so dass sowohl seine direkten Kontakte zu Sokrates als auch seine Möglichkeiten einer intensiven Beschäftigung mit seiner Philosophie begrenzt gewesen sein dürften. Antike Symposien darf man sich im Übrigen nicht verkürzt als einfache Feiern vorstellen, sondern muss bedenken, dass bei diesen Veranstaltungen neben Kulinarik und allerlei Vergnügungen die geistige Unterhaltung einen wesentlichen Mittelpunkt bildete.

Platon war als Philosoph von Sokrates' Persönlichkeit und Wirken so beeindruckt und beeinflusst, dass er seine sämtlichen Schriften (mit zwei Ausnahmen) allesamt als sogenannte Sokratische Dialoge, also szenische Gespräche zwischen Sokrates und anderen Personen, verfasst hat. Dabei wird davon ausgegangen, dass in den sogenannten frühen Dialogen noch mehr oder weniger originäre Gedanken Sokrates' wiedergegeben werden, während in den späteren Dialogen Platon seine eigene Philosophie Sokrates in den Mund legt. Die Debatte darüber, welche Dialoge „früh" und welche „spät" sind und welche philosophischen Ideen auf Sokrates und welche auf Platon zurückgehen, wird allerdings bis heute geführt und kann nicht endgültig entschieden werden.

Die Berichte des Diogenes Laertios (3. Jh. n. Chr.) über Leben und Lehren der verschiedensten Philosophen, einschließlich Sokrates, werden oft als oberflächlich und auf Gerüchten sowie auf „Tratsch und Klatsch" beruhend abgewertet. Dennoch dürften sie über einen gewissen Wahrheitsgehalt verfügen, fassen sie doch das zusammen, was bis in die Spätantike über diese Denker überliefert worden war. Insbesondere in Bezug auf Sokrates sind die knappen, aber bezeichnenden Angaben des Diogenes durchaus erhellend, v. a. im Hinblick auf sein Leben, seine Lebensweise, seine innere Haltung, seinen Charakter und seine Wirkung auf Zeitgenossen und Nachwelt. Und pikante Details über das Privatleben des Philosophen entbehren bis heute nicht eines gewissen Reizes.

Der Vater des Sokrates, ein Mann namens Sophroniskos, war von Beruf Steinmetz. Seine Mutter Phainarete war Hebamme. Beides ist insofern von einiger Bedeutung, als es doch scheint, als hätte Sokrates in jungen Jahren zunächst den Beruf seines Vaters gewählt; später jedoch scheint er als Philosoph einiges von dem Beruf der Mutter übernommen zu haben, ohne jedoch den väterlichen Einfluss jemals gänzlich zu vergessen. Davon wird später noch die Rede sein, wenn es um die sokratische Methode, und speziell die der Mäeutik, geht.

Als junger Mann hat er aber anscheinend zunächst – wie sein Vater – Steine bearbeitet. (Man könnte sagen, bevor er sich dazu entschloss, Menschen zu „bearbeiten".) Angeblich hat er sogar Skulpturen hergestellt, die auf der Akropolis von Athen zu bewundern waren.

Außerdem soll er dem Tragödiendichter Euripides bei der Arbeit geholfen und insbesondere in der Rhetorik außerordentliche Fähigkeiten aufgewiesen haben.

Seine (natur-)philosophische Ausbildung hat er wohl von Anaxagoras, Damon und Archelaos erhalten, wobei Anaxagoras nicht nur von Diogenes, sondern auch von Platon erwähnt wird.

Vor dem Hintergrund der im antiken Griechenland geltenden liberalen und permissiven

Haltung gegenüber promisken und homoerotischen Neigungen und Beziehungen sind Berichte, wonach Sokrates auch „Lustknabe“ des Archelaos gewesen sein und später selbst „Lustknaben“ gehabt haben soll, nicht völlig abwegig. In den Alkibiades soll er verliebt gewesen sein.

Verheiratet war er mit Xanthippe, auch scheint eine zweite Beziehung mit einer Frau namens Myrto bestanden zu haben. Ob er zweimal heiratete, ist unklar. Klar aber scheint, dass beide Frauen ihm Kinder geschenkt haben.

Die Beziehung zu Xanthippe war nicht unproblematisch, und bis heute gilt sie als Paradebeispiel für eine nervenaufreibende, nörgelnde, zänkische Frau. Dabei sollte jedoch nicht vergessen werden, dass Sokrates selbst sicherlich sehr nervenaufreibend gewesen ist und ein Leben mit ihm, der auf Grund seiner philosophischen Aktivitäten sicherlich nicht immer der beste Vater und Ehemann war, insbesondere was Präsenz zu Hause und die materielle Absicherung der Familie anging, nicht einfach gewesen sein dürfte. Im Haushalt jedenfalls hat er wahrscheinlich nicht mitgeholfen.

Diogenes stellt Sokrates so dar, als habe er die Kritik der Xanthippe gelassen ertragen und damit auch seine Gelassenheit gegenüber Kritik von anderen Menschen gestärkt. Xanthippe muss dieses Verhalten zur Weißglut getrieben haben. Selbst an seinem Todestag verbrachte ihr Mann die verbleibende Zeit lieber mit seinen Freunden beim Gespräch als mit Frau und Kindern, die nicht nur mit dem Verlust des Ehemanns und Vaters zurechtkommen mussten, sondern auch in eine unsichere wirtschaftliche Zukunft geblickt haben müssen.

Wovon Sokrates und seine Familie gelebt haben, ist unklar, reich scheinen sie nicht gewesen zu sein. Andererseits hatten sie als freie Bürger von Athen möglicherweise Sklaven. Arbeit im heutigen Sinne war keine Option: Im Altgriechischen gibt es noch nicht einmal ein passendes Wort dafür, am ehesten noch „douleia", was so viel bedeutet wie „das, was Sklaven tun". Bei Diogenes findet sich ein Hinweis, dass Sokrates sein Geld angelegt und spekuliert habe, also (wohl in eher bescheidenen Maßen) als „Kapitalist" zumindest teilweise von Zinsen gelebt haben soll. Auch hatte er reiche Freunde, wobei er jedoch angesichts seiner ausgeprägten Selbstgenügsamkeit und Unbestechlichkeit kaum Geschenke angenommen haben dürfte. Besonders Geldgeschenke lehnte er strikt ab (möglicherweise ein weiterer Konfliktpunkt mit Xanthippe).

Charakterlich war Sokrates „unabhängig und charakterstark" (Diogenes Laertios, S. 101), dazu selbstbeherrscht und selbstbewusst, ohne arrogant zu sein. Er ertrug es, wenn er auf Grund seiner Beschäftigung mit dem Wesen des Menschen und der Bedeutung von Begriffen ausgelacht, verspottet oder sogar nicht nur verbal, sondern auch körperlich angegangen wurde. Er ignorierte all das ganz einfach. Dumme Menschen konnten ihn nicht beleidigen. Auf die Verwunderung seiner Freunde über seine Gelassenheit reagierte er mit dem Hinweis, dass er ja auch keinen Esel, der ihn träte, vor Gericht zerren würde.

Sein Witz und seine Schlagfertigkeit waren legendär. Seine Abneigung gegen das Reisen hat er mit Immanuel Kant gemeinsam. Er verließ Athen nur, wenn er musste, zum Beispiel um seiner Bürgerpflicht nachzukommen, seine Heimat im Krieg als Soldat zu verteidigen. So kämpfte er tapfer in Amphipolis und Potideia, wobei er immer einen kühlen Kopf bewahrte. Einmal soll er auf einem Feldzug eine ganze Nacht lang in derselben Stellung verharrt haben, was einige Mediziner dazu gebracht hat, zu spekulieren, dass Sokrates an einer neuropsychiatrischen Erkrankung gelitten haben könnte. Zu beweisen ist das nicht und selbst wenn, wäre es für das Verständnis der Person Sokrates und seiner Bedeutung für die Menschheit kaum von Belang.

Abgesehen von diesen militärischen Exkursionen, für die er sich übrigens durch regelmäßige körperliche Übungen fit hielt, bevorzugte er es, zu Hause, also auf dem Marktplatz von Athen und auf Festgesellschaften, mit seinen Gesprächspartnern Untersuchungen anzustellen, deren Ziel nie darin lag, das Gegenüber durch intellektuelle Überlegenheit zu überzeugen, sondern gemeinsam die Wahrheit zu finden.

Dabei brachte er den Denkern früherer Zeiten wie Heraklit großen Respekt entgegen und gab bescheiden – wenn auch mit feiner Selbstironie und unterschwelliger Kritik – zu, dass er sie nicht immer verstünde, aber sicher sei, dass selbst das von ihm nicht Verstandene „großartig“ sei.

Laut Diogenes hatte er eine „feste und demokratische Gesinnung“, zu der auch absolute Unbestechlichkeit und eine klare politische Haltung gehörten. Die Gesetze der athenischen Polis-Demokratie befolgte er bis in den Tod: Weder floh er, obwohl es ihm möglich gewesen wäre, aus dem Gefängnis, noch weigerte er sich, das Gift, mit dem die Todesstrafe vollstreckt wurde, zu trinken.

Seine Lebensweise war „vernünftig“ und seine Gesundheit äußerst robust. Er war genügsam und begnügte sich mit dem, was er hatte. Bekannt ist die Anekdote, dass er sich beim Schlendern über die Agora, den antiken Marktplatz Athens, immer darüber gewundert habe, wie viele Dinge zum Kauf angeboten würden, die kein Mensch brauche.

Seine Lebensweise war schlicht, er bevorzugte einfache Speisen mit wenig Würze. Während viele Menschen lebten, um zu essen, esse er, um zu leben.

Dennoch war diese Genügsamkeit und Einfachheit der Lebensführung kein Selbstzweck. Übliche Gepflogenheiten befolgte er. So kleidete er sich durchaus zu besonderen Anlässen situationsadäquat auch festlich. Gleichzeitig kritisierte er die eigentliche Eitelkeit der Menschen, die eine gespielte Bescheidenheit zur Schau stellten, indem sie beispielsweise mit zerrissenen Mänteln durch die Gegend liefen. Auch heute ließen sich für dieses peinlich unehrliche Verhalten Beispiele selbst bei höchsten Würdenträgern finden.

Natürlich stieß Sokrates mit seinem Verhalten, seiner Lebensweise und seiner verunsichernden Gesprächstaktik viele Mitbürger vor den Kopf, und er machte sich damit viele Feinde. Am Ende wurde er von Anytos und Meletos wegen „Verführung der Jugend" und „Gottlosigkeit" angeklagt.

Der Prozess um Sokrates, seine möglichen Gründe und Hintergründe sowie das Scheitern seiner Verteidigung stehen im Zentrum von Xenophons Sokrates-Erinnerungen und Platons Apologie.

Sokrates lehnte die Verteidigung durch einen juristischen und rhetorischen „Profi" ab und brachte es fertig, dass nach seiner Verteidigung noch mehr Richter für seine Verurteilung waren als zuvor. Er blieb vor Gericht aufrichtig und weigerte sich, die üblichen „Tricks" anzuwenden.

Möglicherweise war der Tod des Sokrates ein großer „Unfall“. Es ist gut möglich, dass seine Ankläger und Richter fest damit gerechnet hatten, dass auch Sokrates von den damals üblichen juristischen Winkelzügen Gebrauch machen würde, um dem Tod zu entkommen. Indem Sokrates aber gerade dies nicht tat und sich aufrichtig an das Wort des Gesetzes hielt, zeigte er ein letztes Mal, und zwar wie so oft nicht nur durch Worte, sondern zugleich durch sein konkretes Handeln, was Philosophie als praktische Lebensweise und nicht als theoretisches Fach oder angewandt als Sophistik für ihn bedeutete. Insofern könnte er als „Märtyrer“ gelten, wobei aber bedacht werden muss, dass er aus anderer Perspektive durchaus auch als Suizident betrachtet werden kann.

Bis zuletzt war Sokrates unberechenbar und sprengte, obwohl fest in der Tradition verhaftet, alle Konventionen. Die Einzigartigkeit der athenischen Gesellschaft hatte ihn, den Unorthodoxen und Exzentriker, ermöglicht, sie brachte ihn aber auch um. Nach seinem Tod haben die Athener das Urteil angeblich bereut und töteten bzw. verbannten seine Ankläger Meletos und Anytos. Auch sollen sie Sokrates ein Denkmal gesetzt haben.

Sokrates bedeutet eine Zäsur im griechischen philosophischen Denken: Alle (Natur-)Philosophen vor ihm werden als „Vorsokratiker“ bezeichnet. Als seine Nachfolger, also als Sokratiker, zählt Diogenes Laertios die Folgenden auf: Xenophon, Aischines, Aristipp, Phaidon, Eukleides, Stilpon, Kriton, Simon, Glaukon, Simmias, Kebes, Menedemos und Platon.

Sokrates' Einfluss als Lehrer des unbedingten Selbstdenkens und Kämpfer gegen Denkfaulheit setzt sich über das Mittelalter bis in die Neuzeit und unsere Tage fort. Daneben gab es aber auch immer schon Sokrateskritiker. Einer der Ersten dürfte Aristophanes gewesen sein, der sich noch zu Lebzeiten des Philosophen in seinen Komödien über ihn lustig machte, indem er ihn fast wie in „Slapsticks" parodierte und übertrieben klischeehaft darstellte.

Zu den neuzeitlichen Bewunderern des Philosophen gehörten u. a. Erasmus von Rotterdam und Michel de Montaigne. Thomas Morus dürfte ebenso von Sokrates und Platon beeindruckt und beeinflusst gewesen sein wie Baruch de Spinoza. Der bekannte dänische Philosoph Søren Kierkegaard promovierte über den Begriff der Ironie bei Sokrates.

Im Laufe dieser Rezeptionsgeschichte wurden Zitate populär, die bis heute Sokrates zugeschrieben werden, ohne dass es hierfür verlässliche Quellen gäbe. So soll er gesagt haben, dass „wer die Welt bewegen" wolle, „sich zuallererst selbst bewegen" müsse. Vom Heiraten hat er angeblich gesagt, dass es einerlei sei, ob man heirate oder nicht, denn unglücklich werde man so oder so. Gleichzeitig soll er aber auch dringend empfohlen haben, sich auf jeden Fall durch Heirat zu binden, denn: „Wenn du eine gute Frau findest, wirst du glücklich; findest du eine schlechte, wirst du Philosoph."

Bevor von Sokrates' Denken und seinen „Lehren" die Rede sein soll, erscheint noch ein kurzer Hinweis auf seine äußerliche körperliche Gestalt angebracht. In antiken Abbildungen des Philosophen ist dieser meist in auffälligem Gegensatz zu dem üblichen antiken Schönheitsideal dargestellt: glatzköpfig, glupschäugig, stupsnasig, dickbäuchig und plattfüßig gleicht Sokrates eher einem grotesken Satyr als einem Menschen mit schönem Körper. Dies ist auffällig, weil die Griechen das Schöne und das Gute, also Ethik und Ästhetik, in dem Begriff der „Kalokagathia" als Einheit dachten. Dies kontrastiert auch mit der schon in der Antike höchsten Schätzung seiner Philosophie und dem allgemein akzeptierten Diktum der Seherin Pythia des Orakels von Delphi, dass er der „Weiseste aller Menschen" sei. Diese Zerrissenheit zwischen Hässlichkeit als Äußerlichkeit und Schönheit als Innerlichkeit mag auch ein Symbol des Anliegens Sokrates' an alle Mitmenschen bis heute sein, nämlich nichts als gegeben hinzunehmen und die Suche nach der Wahrheit niemals aufzugeben mit dem Ziel, sich selbst zu finden und zu erkennen.

Philosophie

Grundlagen und Voraussetzungen

Obwohl Sokrates selbst keine Schriften hinterlassen hat, scheint eine Annäherung an das Wesen seines Philosophierens durchaus möglich. Weniger im Hinblick auf den Inhalt seiner Philosophie, aber sehr wohl in Bezug auf die Art und Weise seiner philosophischen Tätigkeit und Methode lassen sich erstaunlich eindeutige Merkmale identifizieren.

Zunächst ist klar, dass Sokrates, gerade weil er kein Schrifttum hinterlassen hat, nicht ein Philosoph des geschriebenen, sondern vielmehr des gesprochenen Worts ist. Die Akademie wurde erst von seinem Schüler Platon gegründet. Insofern ist Sokrates also kein „akademischer" Gelehrter, und „Universitätsphilosophie" wie die von Fichte, Schelling oder Hegel wäre ihm fremd gewesen.

Für Sokrates war Philosophie nicht das „Zu-Papier-Bringen" eigener Gedanken, womöglich in der Abgeschiedenheit eines Gelehrtenzimmers oder „Elfenbeinturms". Für ihn bedeutete Philosophieren die lebendige Interaktion mit anderen Menschen und die gemeinsame Entwicklung von Ideen und Gedanken im Gespräch. Ohne Dialog keine sokratische Philosophie. (Vielleicht kann man hierin sogar schon eine frühe Form der „Diskursphilosophie“ à la Habermas sehen.)

Daraus ergibt sich auch der einzig mögliche Ort des sokratischen Philosophierens, nämlich einer, an dem Menschen zusammenkommen, ein „öffentlicher Raum“, wie der von einer Vielzahl von Menschen aufgesuchte Marktplatz (Agora) oder das Festmahl (Symposium). Agora und Symposium erfüllen die grundlegende Voraussetzung für die Möglichkeit einer Verortung sokratischen Philosophierens, nämlich das „Unter-den-Menschen-Sein“.

Sokrates betrieb Philosophie also nicht solipsistisch in der Stille und Abgeschiedenheit, sondern im Gegenteil im „Getümmel“ des täglichen Lebens. Und genau darauf zielte seine Philosophie auch ab: das menschliche Leben, seine Bedingungen und geistigen Grundlagen.

Dabei konnte es nie eine einzige Antwort auf eine philosophische Frage oder Problematik geben: Vielmehr ging es um die Suche nach der Wahrheit, die wichtiger war als das Finden. Die Aporie, das Offenbleiben, Offenlassen und Fehlen einer finalen Antwort, war eine akzeptable Möglichkeit für Sokrates, keine Zumutung, wie man es später und vielleicht schon zu seiner Zeit empfunden haben mag. Vielmehr war die Aporie immer auch eine immanente Aufforderung weiterzumachen, nicht stehen zu bleiben. Sokratische Philosophie ist damit stets im Fluss, dynamisch und in Entwicklung.

Somit zeichnet sich als besonderes Merkmal Sokrates' ab, dass er kein Dogmatiker war und auch nicht sein konnte. Es gibt keinen „Sokratismus", und es kann ihn auch nicht geben, weil Sokrates' Denken – im Sinne von Heraklit – immer im Fluss blieb und bis heute bleibt. Das macht auch das sokratische Philosophieren so zeitlos und hochaktuell für jede Gegenwart, insbesondere in Zeiten, in denen Scharlatane vorgeben, „die Wahrheit" absolut zu kennen.

Sokrates versuchte vielmehr stets, sich „der Wahrheit", so gut es ging, zu nähern, sie einzukreisen – und wurde derart sozusagen zu einem Begründer der Hermeneutik.

Die Unmöglichkeit eines sokratischen Dogmatismus bedeutet jedoch nicht, dass das sokratische Denken frei von Radikalität wäre. Im Gegenteil. Der Ansatz Sokrates' ist so radikal neu, dass er zu paradox erscheinenden Konsequenzen führt: Wenn beispielsweise Unrecht tun schlimmer als Unrecht erleiden ist, dann werden sämtliche Handlungen, die zwar als „nicht ganz korrekt", aber allgemein akzeptabel galten und praktiziert wurden, verwerflich und unmöglich. Gegen Gesetze darf nicht willkürlich verstoßen werden, nur weil man weiß, wie man straflos davonkommen kann. Sokrates tut seine Pflicht als athenischer Stadtstaatbürger, zieht in den Krieg und akzeptiert in letzter Konsequenz das Todesurteil, indem er den Schierlingsbecher leert. Das, was im philosophischen

Prozess für richtig befunden wurde, wird nicht kompromittiert und wird bis in die letzte Konsequenz gelebt. Sokrates kann deshalb als der größte oder vielleicht sogar einzige Philosoph, der diesen Titel verdient, betrachtet werden, eben weil er nicht „die Philosophie" in den Mittelpunkt stellte, sondern das Philosophieren, und dies nicht als Selbstzweck, sondern mit konkreten und ernsten Konsequenzen für die eigene Lebensführung. Nichts, auch nicht das eigene (Über-)Leben wird dem im sokratischen Erkenntnisprozess Gewonnenen untergeordnet. Dies ist die eigentliche Radikalität sokratischen Denkens, das bis heute seine Sprengkraft nicht verloren hat.

Sokrates ist also durchaus ein Philosoph der Tat: Das Philosophieren selbst ist ein tätiger dynamischer Prozess, zudem ergeben sich daraus konkrete Handlungsobligate, wie Sokrates mit seiner eigenen Lebensführung und in letzter Konsequenz dem Ende seines Lebens zeigt. Dabei ist es kein Zufall, dass die beiden Zeitgenossen Sokrates', denen wir einen Großteil der Überlieferung verdanken, Personen sind, die ein überaus aktives Leben geführt haben: Xenophon war hauptsächlich als Offizier und Politiker aktiv, während Plato stets versucht hat, eine Philosophie zu entwickeln, die einen Einfluss nicht nur auf den einzelnen Menschen, sondern ebenso auf das Gemeinwesen hat; so hat er sogar selbst versucht, bei Besuchen von Machthabern, seine philosophische Idealvorstellung von Regierung in die Praxis umzusetzen bzw. umsetzen zu lassen. Dieser Anspruch geht sicherlich letztlich auf den Einfluss des Sokrates zurück, für den Philosophie nie um ihrer selbst willen betrieben werden sollte, sondern immer zugleich einen Effekt auf das „wirkliche Leben" haben musste, um Sinn zu ergeben.

Ein weiteres wichtiges Merkmal der sokratischen Philosophie ist das Nichtakzeptieren von Überzeugungen, gerade wenn sie allgemein als „klar" und „evident" gelten. Sokrates hinterfragt jede Definition, jede Meinung, jede für sicher gehaltene „Erkenntnis", jedes „Wissen" und stellt alles radikal auf den Prüfstand. Dabei geht er so weit, sogar sein eigenes Wissen in Frage zu stellen. Sein Diktum, dass er wisse, nichts zu wissen, ist eine der bekanntesten und zugleich wichtigsten philosophischen Formulierungen in der Geschichte der Menschheit, ermahnt sie uns doch bis heute, nichts unhinterfragt zu belassen und alles einem gesunden Zweifel zu unterziehen. Damit hat Sokrates den Grundstein einer ewigen Philosophie, eines nie endenden Nachdenkens gelegt und eine Dynamik entfesselt, ohne die Fortschritt nicht möglich ist.

Philosophie ist nach Sokrates eine niemals endende Suche in der Interaktion mit den Mitmenschen.

Insofern ist Sokrates ein „geselliger" und menschenliebender Philosoph, kein Misanthrop. Eine Abkehr vom Mitmenschen wäre in einer sokratischen Philosophie gar nicht möglich, weil ihr dadurch die soziale Grundlage entzogen würde.

Sokrates schien mehr an dem lebendigen Austausch mit dem Gegenüber interessiert zu sein – an dem, was sich daraus entwickelt, und daran, was „es“ mit den Gesprächspartnern (einschließlich ihm selbst) macht –, als daran, andere zu belehren und seine Gedanken und Ideen für die Nachwelt zu fixieren. Er zeigte (und zeigt), was Philosophie ist, durch sein Tun und sein Leben, auch durch seinen Tod, und nicht durch das Niederschreiben von Prinzipien.

Dadurch wohnt seiner Philosophie ein unerreichtes Maß an Freiheit und Toleranz inne, wodurch wir bis heute angesprochen und herausgefordert werden. Sokrates fordert jeden Einzelnen auf, selbst zu philosophieren, um durch diesen Prozess selbst zu erkennen zu versuchen, im Idealfall sich selbst. Man könnte so in Sokrates den Begründer der Selbsterfahrung, der Selbstverwirklichung und letztlich Selbsterkenntnis sehen. Dabei ist er kein Theoretiker, sondern immer Philosoph des dynamischen Prozesses und der Praxis. Sokratisches Philosophieren ist nicht Kontemplation, sondern Aktion, eine konkrete Tätigkeit.

Für Sokrates ist das bequeme Übernehmen von vorgefertigten Meinungen und Überzeugungen, die Anhängerschaft einer bestimmten

„Philosophie“ inakzeptabel. Er fordert auf, selbst zu philosophieren, regt an und vertraut darauf, dass jeder Mensch selbst im Austausch mit anderen die Bedingungen, Möglichkeiten und Grundlagen seines Daseins reflektiert und nach den daraus gewonnen Erkenntnissen lebt. Er befreit also den Menschen aus seiner „selbst verschuldeten Unmündigkeit“.

Sokrates gibt nicht(s) vor. Er ermächtigt und ermutigt jeden, selbst Philosoph zu sein.

Um dies zu erreichen, hat Sokrates in der Genese seines Philosophierens ganz bestimmte Methoden und Techniken entwickelt.

Methodik

Die sokratische Methode des aktiven philosophischen Prozesses umfasst u. a. die Techniken der Elenktik und Mäeutik und beruht auf dem Prinzip der seiner Philosophie bis heute Leichtigkeit und Humor verleihenden Ironie, die nicht nur den dänischen Philosophen Kierkegaard, der darüber seine Doktorarbeit schrieb, angezogen und ungemein fasziniert hat.

Elenktik

Unter Elenktik wird eine spezifische, meist auf Fragen beruhende Gesprächstechnik Sokrates’ verstanden, die darauf abzielt, gemeinsam und besonders auch beim Gesprächspartner zu Antworten und Lösungen zu zentralen lebensphilosophischen Problemen zu gelangen, die nicht mehr durch vorgefasste Annahmen und unbegründete Meinungen überlagert und verfälscht sind und damit der gesuchten „Wahrheit" deutlich näherkommen. Während die Methode der Mäeutik (s. u.) als „Hebammenkunst" immer wieder mit dem Beruf seiner Mutter in Verbindung gebracht wurde, finden sich hinsichtlich der Methode der Elenktik durchaus Bezüge zum Beruf von Sokrates' Vater, der ja Steinmetz war: Wie einem rohen Steinblock durch Wegmeißeln aller nicht zur angestrebten Skulptur gehörenden Strukturen letztlich eine Form „entlockt" wird, so bearbeitet Sokrates seine Mitmenschen im Dialog und wirkt durch kritische Fragen und durch Hinterfragen von für wahr Gehaltenem, aber möglicherweise nicht der Wahrheit Entsprechendem so lange auf sie ein, bis in ihnen neue Erkenntnisse entstehen oder zumindest ein Denkprozess in Gang gesetzt wird, der im Moment des Gesprächs vielleicht noch keinen Abschluss findet (Aporie) und der sich daher noch eine Weile oder sogar lebenslänglich fortsetzen wird. Anders als der Steinmetz wird der sokratische Philosoph nie „fertig". Darüber hinaus kann in jedem Menschen dieser Prozess in Gang gesetzt werden, so dass durch Sokrates jeder Einzelne zum Philosophen wird. Sokrates erweitert den Philosophiebegriff auf alle Menschen (vgl. Beuys). Mittels der Elenktik verhilft er ihnen dazu, in den Prozess des Philosophierens einzusteigen. Und viele, die Sokrates begegnet sind (zu Lebzeiten oder durch die Überlieferung nach seinem Tod), lassen nicht mehr davon ab. Deshalb bleibt Sokrates bis heute so aktuell. Noch heute ist die Elenktik eine fundamentale (Denk-)Technik, die im eigentlichen Sinne ein ständiges „In-Frage-Stellen" bedeutet und damit den Grundstein echten Philosophierens darstellt.

Mäeutik

Ergänzt wird die Methodik der Elenktik durch die Mäeutik, die Hebammenkunst. Sie beruht auf der sokratischen Überzeugung, dass die „Wahrheit" im Kern schon in jedem Menschen angelegt ist und sozusagen nur darauf „wartet", hervorgebracht zu werden. Demnach trägt der Mensch die Antworten auf lebensphilosophische Fragen schon in sich und bedarf lediglich einer Hilfe, einer philosophischen Hebamme, um sie ans Tageslicht zu befördern.

Neben dieser klassischen Interpretation der Bedeutung der Mäeutik lässt sich vielleicht über diesen „Geburtsprozess" noch mehr sagen: Es scheint so zu sein, dass in der sokratischen Philosophie dadurch so etwas wie eine „Selbsthervorbringung" des Menschen möglich wird; er gebiert sich sozusagen selbst neu als geistiges

Wesen, das im philosophischen Prozess neu geworden ist.

Eine solche Interpretation scheint sehr weitgehend zu sein und mag vielleicht weit hergeholt erscheinen, passt aber zu dem sokratischen Anliegen der Selbsterkenntnis und der wesentlichen Veränderung des Menschen im fortwährenden Prozess des Philosophierens.

Der Mensch, der sich auf Sokrates einlässt, ist „wie neu geboren". Möglicherweise liegt darin die eigentliche Bedeutung der Mäeutik, also nicht nur die Hervorbringung von Ideen und Erkenntnissen, die „im Innern" verborgen schlummerten und nur überdeckt waren, sondern auch und besonders die Selbsthervorbringung eines neuen Ichs.

Ironie

Bei diesem tiefen philosophischen Unterfangen, das nicht nur für Sokrates selbst, sondern für alle, die mit ihm in Kontakt kamen und kommen, fundamental und lebensverändernd ist, verliert der Philosoph jedoch nie die heitere Leichtigkeit, die auch in der Überlieferung immer durchschimmert und ein besonderes Licht auf die Persönlichkeit Sokrates' wirft. Aus der unerschütterlichen Überzeugung, zwar keine Antworten zu kennen („Nichtwissen"), aber mit dem unbedingten Nachfragen und Nachforschen in der dialogischen philosophischen

Praxis das Richtige zu tun, ergibt sich eine tiefe Gelassenheit und Zuversicht, auf der Heiterkeit, Witz und Ironie gedeihen können. Dabei stellt die Ironie jedoch weit mehr als gute Laune und Humor dar, vielmehr ist sie essenzieller Bestandteil der sokratischen Methode und wird gezielt im Prozess des Philosophierens eingesetzt, um in Verbindung mit Elenktik und Mäeutik absichtliche Brüche in „eingefahrene" Denkprozesse zu bringen, Paradoxien aufzuzeigen und so mit veränderten Perspektiven den Weg für ein neues Denken freizumachen.

Die sokratische Ironie hilft denkerischen „Ballast" beiseitezuräumen, dem philosophischen Prozess eine gewisse Ungezwungenheit zu verleihen und so das Interesse an der besprochenen Fragestellung und Problematik immer wieder neu zu entfachen.

Voraussetzung dazu ist natürlich die Bereitschaft, sich darauf einzulassen und in erster Linie ein gehöriges Maß an Selbstironie mitzubringen, die Sokrates selbst sicherlich in vorbildlicher Weise besaß.

Lehren

Hinsichtlich der philosophischen Lehre des Sokrates ist paradoxerweise nach Bertrand Russell nicht bekannt, ob wir viel oder wenig darüber wissen. Während bei anderen Philosophen wenigstens klar ist, was innerhalb der schriftlichen Überlieferung von ihnen stammt, bleibt dies im Falle Sokrates' im Dunkeln, denn insbesondere durch Platon ist vieles an philosophischem Inhalt zwar überliefert, es bleibt aber ein vergebliches Unterfangen, an dem sich schon so mancher Gelehrter „die Zähne ausgebissen" hat, zu differenzieren, was genau von Sokrates selbst stammt und was sein hinsichtlich der Generierung philosophischer Schriften produktivster Schüler ihm zwar in den Mund gelegt hat, was jedoch platonischen Ursprungs sind.

So deutlich die sokratische Methode des Philosophierens, also die Form und das Wie, noch in der Gegenwart vor unseren Augen steht, so unklar bleibt der Inhalt. Das Was ist vielleicht auch – wie oben dargestellt – der Methodik unterzuordnen. In dieser Tatsache selbst entdecken wir wieder einen Funken der sokratischen Ironie, denn dem Philosophen ging es wahrscheinlich gar nicht um Inhalte, nach denen immer wieder so dringend gefragt und geforscht wurde, sondern – wie oben beschrieben – vielmehr um eine dynamische Philosophie, deren Wesen eben gerade darin besteht, dass sie nicht festgelegt und damit auch nicht schriftlich fixiert werden kann. Für Sokrates ist Philosophie eine Form der Lebensführung, die – und hier hört jede Art des sokratischen Humors und seiner Ironie auf – notfalls konsequent bis in den Tod verteidigt und nicht aufgegeben, niemals verraten werden darf.

Wer also nach dem Inhalt und nach den Lehren der sokratischen Philosophie fragt, ohne sich bewusst zu machen, dass ihr Wesen in der Form und der Methodik, in der Übung und praktischen Anwendung mit dem Risiko des offenen Ausgangs und dem Unbeantwortetbleiben liegt, hat den großen Athener womöglich gar nicht verstanden.

Dennoch lohnt es sich, der alten Tradition folgend, die frühen platonischen Dialoge so zu lesen, als spräche hier noch der historische Sokrates direkt zu uns.

Insbesondere gilt dies für die Apologie, die sogenannte Verteidigungsrede des Sokrates, die – wieder eine typisch sokratische Paradoxie und Ironie – dafür „sorgte“, dass am Ende des Prozesses mehr Richter als vorher für seine Verurteilung waren. Schon in den ersten Sätzen seiner „Verteidigung“ ironisiert Sokrates die Reden der Ankläger, macht sich über sie lustig und bringt sie letztlich weiter gegen sich auf: Sie hätten so überzeugend gesprochen, dass er darüber fast seiner Selbst vergessen habe. Gleich darauf bezichtigt er sie jedoch der Lüge und kommt damit zu einem wichtigen und zentralen Thema der Philosophie überhaupt, nämlich der Wahrheit. Er verachtet die Sophistik, in der es eben nicht um die Wahrheit geht, sondern darum, durch geschickte Rhetorik die Psychologie der Menschen so zu beeinflussen, dass die Wahrheit irrelevant wird. Gleich darauf erwähnt er ein weiteres wichtiges Thema seiner Philosophie, die Gerechtigkeit.

Schon zu Beginn der Apologie werden damit die beiden großen Themen Sokrates' und echten Philosophierens überhaupt deutlich: Wahrheit und Gerechtigkeit.

Weiterhin erwähnt Sokrates zu Beginn seiner Apologie einen weiteren zentralen Inhalt seiner „Lehre", der bis heute mit am häufigsten zitiert werden dürfte, das bekannte: „Ich weiß, dass ich nichts weiß." Sokrates gibt an, dass seine „überlegene" Weisheit anderen gegenüber lediglich in der Erkenntnis liegen mag, dass er sich bewusst sei, nicht weise zu sein, also nicht zu wissen, während andere selbstüberheblich und verblendet in der Überzeugung verharren, weise zu sein, also etwas zu wissen, was ihnen dann den Weg zu wahrem Philosophieren versperrt. Feinde der Philosophie sind somit falscher Stolz, Überheblichkeit, unkorrigierbares Verhaften in der eigenen Meinung und Anschauung, Ideologie. „Zu wissen glauben, aber wenig oder nichts wissen" – das ist antisokratisch und unphilosophisch, und in diese Wunde hat Sokrates zeitlebens seine Hand gelegt. Dieses unorthodoxe Verhalten gegen das Establishment, dieser Nonkonformismus und diese Exzentrik, die fundamentale Kritik am Bestehenden, der Zweifel und das Rütteln an zur Gewissheit gewordenen, aber unbegründeten Überzeugungen sind wesentlicher Bestandteil seiner Philosophie. Dadurch fühlten sich die jungen Leute und fühlen sich bis heute alle im Geiste jung Gebliebenen geradezu magisch angezogen, während die Etablierten ihn gefürchtet haben und bis heute fürchten, erschütterte und erschüttert er doch ihren selbstgefälligen Glauben und damit den Kern ihres Selbstbilds und falschen Selbstbewusstseins.

Sokratisches Philosophieren bedeutet rücksichtsloses Enttarnen und Entlarven, radikale Bewusstmachung und aufrichtige Akzeptanz der eigenen Ahnungslosigkeit und grundsätzlichen Beschränktheit (= Nichtwissen) als Ausgangspunkt des Wagnisses, sich von hier im Dialog mit anderen und fragend philosophisch voranzutasten.

Natürlich hassten Heuchler und Hochstapler Sokrates und hassen bis heute die Philosophie, die in seiner Tradition steht. Exemplarisch führt Sokrates in seiner Apologie als einen solchen Menschen seinen Ankläger Meletos vor und unterzieht ihn dem philosophischen Verfahren der Elenktik, Mäeutik und Ironie. Er führt dessen Argumentation ad absurdum und zeigt in dem Gerichtsverfahren, dem viele Bürger beigewohnt haben dürften, die sokratische Methodik, die – wie bereits mehrfach erwähnt – das wesentliche Element seiner Philosophie ist und nicht – wie bei vielen oder den meisten anderen sogenannten Philosophen – ein bestimmter Lehrinhalt.

Dabei geht es Sokrates immer um seine Mitmenschen und deren individuellen „geistigen Zustand"; nie versucht Sokrates, seine Methode des systematischen Zweifelns und Hinterfragens auf die Ebene der Theologie oder Staatstheorie zu übertragen. Er ist also ein Philosoph der menschlichen Selbsterkenntnis, nicht der Revolution. Er bleibt bewusst eingebettet in die Tradition.

Allerdings erlaubt es die Tätigkeit des sokratischen Philosophierens nicht, sich in den Staatsgeschäften der Polis zu engagieren, also Politik zu betreiben, denn wer „für die Gerechtigkeit streiten will" (Apologie, 32 a), muss sich davon fernhalten. Dies bedeutet aber nicht, sich dort nicht zu beteiligen, wo das Gesetz es vorschreibt. So war, wie oben erwähnt, Sokrates im Verteidigungsfall Bürgersoldat und hatte auch einmal das Amt des Prytanen (Exekutive des Rats der 500 von Athen) inne, als die Verfassung dies so vorsah, wobei die Ämter damals im Wesentlichen per Losentscheid vergeben wurden. Sokrates nahm also seine Bürgerpflichten durchaus ernst, war kein „Systemverweigerer".

Der Angriff des Sokrates auf die menschliche Eitelkeit, Selbstgefälligkeit und Dummheit impliziert keine Attacken auf Institutionen oder gesellschaftliche Einrichtungen. Veränderung muss zunächst vom Einzelnen ausgehen. Ansonsten würde das Grundübel, nämlich der Mangel an Selbsterkenntnis und eine darauf beruhende unverbesserliche intellektuelle Arroganz, nur auf ein neues soziales oder religiöses System übertragen.

Die Geschichte bestätigt Sokrates darin. Denn unabhängig von der über zweitausendjährigen „Weiterentwicklung" der Gesellschaft und der Glaubensüberzeugungen bis hin zum Atheismus bleiben doch die menschlichen Verhaltensweisen und Defizite, die Sokrates in seiner Verteidigungsrede kritisiert und deren Korrektur er als seine Lebensaufgabe ansah, bei der Mehrheit bis heute bestehen. Und wer wäre heute bereit, wie Sokrates lieber als gerechter Mensch zu sterben, statt als ein schlechter zu leben? Für Sokrates wäre es „eine Schande" gewesen, gegen seine philosophischen Überzeugungen zu verstoßen, um sein Leben zu retten.

Sokrates glaubte, dass es seine gottgegebene Lebensaufgabe war, Weisheit und Wahrheit zu suchen und sich selbst und andere zu prüfen.

Dabei entwickelt Sokrates auch sozusagen „nebenbei" eine Theorie des Todes, nämlich dass er nicht zu fürchten sei, weil sein Wesen ja unbekannt sei und immer bleibe. Deshalb kann es auch Dinge geben, die dem Menschen wichtiger sein müssen als Leben und Tod.

Sokrates lehrt, dass sich der Mensch um Einsicht, Weisheit, Wahrheit und „Seelenwohl" bemühen muss und diese Bemühung nicht dem Streben nach Geld, Ruhm und Ehre untergeordnet werden darf. Tugend *(areté)* – und hier besonders die Gerechtigkeit – ist ein zentraler Begriff der sokratischen Philosophie, der auch von Platon als wesentliches Element seiner eigenen Philosophie aufgegriffen wurde. Insofern kreist die sokratische Lehre stark um die philosophische Disziplin der Ethik, aber nicht derart, dass ein moralisches System konzipiert und vorgegeben würde, sondern vielmehr so, dass es Auftrag und Aufgabe jedes Einzelnen ist, darüber nachzudenken und selbst zum Philosophen zu werden. Daraus entsteht wahrer Reichtum: „Ich zeige, dass nicht aus dem Reichtum die Tugend entsteht, sondern aus der Tugend der Reichtum" (Apologie, 30 b).

Sokrates hält es für „das größte Gut für den Menschen …, täglich über die Tugend sich zu unterhalten", während „ein Leben ohne Selbsterforschung aber gar nicht verdient, gelebt zu werden" (Apologie, 38 a).

Die sokratische Lehre kann so einen „heilenden" Effekt ausüben und besitzt eine „psychotherapeutische" Komponente, zielt sie doch darauf ab, durch Emanzipation und Selbstermächtigung „Fehlhaltungen" im Denken und im Handeln aufzudecken und durch Integration des Philosophierens in das eigene Leben dieses seinem fundamentalen Ursprung und damit einem Sinn zuzuführen.

Ihm geht es darum, dass jeder sich zunächst um das Wesentliche seiner Existenz kümmert, nämlich „besser und vernünftiger" (Apologie, 36 c) zu werden, bevor er sich um Äußerlichkeiten wie Reichtum oder Ämter bemüht.

Voraussetzung hierfür sind jedoch Unabhängigkeit und Unbestechlichkeit, und insofern ist es von großer Bedeutung, dass Sokrates – anders als unter den Sophisten üblich – niemals Geld für seine philosophische Tätigkeit des Dialogs und damit ja durchaus der Unterrichtung angenommen hat. Somit behauptet er auch von sich, niemals „Schüler" im damals üblichen Sinne gehabt zu haben.

Zusammenfassend besteht die sokratische Lehre in der Suche nach Wahrheit, in der Frage danach, was Tugend, was Gerechtigkeit sei. Sie beinhaltet zugleich die Aufforderung, sich zeitlebens dieser Praxis zu widmen und sie Bemühungen um Äußerlichkeiten wie Reichtum und Ehrungen vorzuziehen.

Grundlage hierfür ist das Bewusstsein, zunächst nichts zu wissen. Wenn ich weiß, dass ich nichts weiß, bin ich frei, fundamentale Fragen zu stellen und mich auf die Suche nach dem wahren Sinn des Lebens zu begeben, der nach Sokrates eben in der „Tugend" besteht. Die sokratische Lehre fordert auf, sich auf den Prozess der Selbsterkenntnis einzulassen. „Erkenne dich selbst" ist nicht nur einfache Aufforderung, sondern philosophisches Programm. Übrigens war „Erkenne dich selbst“ auch die Inschrift über dem Eingang des Apollotempels in Delphi, dessen Orakel Sokrates als „den Weisesten“ bezeichnet hatte; in seiner Verteidigungsrede kommt der Philosoph vor seinem Bekenntnis des Nichtwissens selbst darauf zu sprechen.

Aber nochmals und abschließend zur sokratischen „Lehre“: Nicht „die Philosophie“, sondern das Philosophieren steht bei Sokrates im Vordergrund.

Sokrates heute

Sokrates hat das Philosophieren zu einer öffentlichen Tätigkeit auf dem „Marktplatz der Ideen" (Agora) gemacht. Es ist unmöglich, Philosophie für sich alleine ohne den Dialog, ohne den Ideenaustausch mit anderen zu betreiben. Philosophieren ist eine essentielle soziale Tätigkeit des „Zoon politikon", also des Menschen, der nach Aristoteles ein auf die Polis-Gesellschaft und -Gemeinschaft angewiesenes, d. h. zwingend soziales Lebewesen ist.

Gleichzeitig hat Sokrates uns gelehrt, dass es keine Philosophie als fertiges und abgeschlossenes „System" geben kann, sondern Philosophie in einem kontinuierlichen und nicht endenden Prozess des Philosophierens, also des Betreibens von Philosophie im öffentlichen Raum, sich selbst und ihre Inhalte immer wieder neu erfindet und daher nie zu einem Abschluss kommen kann, ja kommen darf.

Sokrates' Auftrag an uns ist also, die Philosophie in seinem Sinne weiterzuentwickeln und uns nicht davon abbringen zu lassen, wahrhaft zu philosophieren, indem ein fertiges philosophisches System angestrebt wird, das es nach Sokrates gar nicht geben kann. Somit ist die Aporie, also der fehlende Abschluss einer philosophischen Untersuchung keine „fehlende Lösung" oder eine „Ausweglosigkeit", kein „Makel" oder Mangel, sondern im Gegenteil essenzielles philosophisches Programm. Echtes sokratisches Philosophieren muss in der Aporie enden und muss daher fortgesetzt werden, es kann und darf nicht enden, auch wenn schon Platon darauf bedacht war, in seinen späteren Dialogen „Antworten“ zu finden und somit sein philosophisches Werk bis zu einem Abschluss „durchzukomponieren“. Und obwohl Platon seine Philosophie Sokrates in den Mund legte, vielleicht auch, um sich auf dessen Autorität zu stützen, dürfte er damit nicht im Sinne seines Lehrers gehandelt haben. Im Gegenteil, er hat damit eine im wahrsten Sinne des Wortes „akademische“ Philosophie begründet, die Sokrates zutiefst fremd gewesen sein dürfte.

Wahrscheinlich würde es zu weit gehen, Platon „Verrat“ an dem Ideal des Sokrates vorzuwerfen. Vielmehr zeigt sich, dass selbst ein überlegener Geist wie Platon an dem Postulat Sokrates’ einer „Philosophie des Nichtwissens“ scheiterte, weil er das systematische und prinzipielle Unbeantwortetlassen von philosophischen Fragen (Aporie) nicht ertragen konnte. Für Platon war – wie für die meisten Philosophen – das Finden der Antwort wichtiger als das Stellen der Frage.

Und er konnte sich, letztlich zum Glück, nicht von der Eitelkeit befreien, seine großartigen Ideen niederzuschreiben und so für die Nachwelt zu erhalten. Dadurch allerdings hat er wahrscheinlich gleichzeitig das von Sokrates eingeforderte „Selbstdenken“ und „Selbstphilosophieren“ stark behindert, wenn man bedenkt, dass selbst noch im 20. Jahrhundert, nach dem obigen Zitat von Whitehead, die gesamte Philosophie wie eine „Fußnote“ zu ihm erschien.

Einen weiteren „Verrat“ hat Platon aber auch schon dadurch begangen, dass er die Philosophie aus dem Zentrum, der Mitte der Gesellschaft entfernt hat, indem er sie von der Agora, dem Markplatz der Waren und Ideen, in den entrückten Garten des Heros Akademos verlegt hat. Dadurch hat er dem Sozialgefüge die Philosophie entzogen und der Philosophie ihren Lebensraum genommen. Sie wurde „akademisch“ und war nur noch einem ausgesuchten Kreis zugänglich, eine Entwicklung, die Sokrates sicherlich nicht gutgeheißen hätte.

Umgekehrt erscheint es tröstlich, dass es wahrscheinlich Tausende, Millionen oder gar Milliarden von Philosophen im sokratischen Sinne gibt, nämlich denkende „Allerweltsmenschen“, die ihre Ideen nicht niederschreiben, sich selbst vielleicht sogar niemals als Philosoph oder Philosophin bezeichnen würden, im Dialog mit ihren Mitmenschen aber genau das tun, was Sokrates als „echtes“ Philosophieren bezeichnen würde.

Abschließend stellt sich die Frage, welche Bedeutung Sokrates heute für uns hat und wie und wo er heute aktiv wäre.

Sicherlich ist kaum ein Philosoph in unserer Zeit so aktuell wie er. Denn die Fragen, die er aufgeworfen hat (Was ist Wahrheit? Was ist gut und gerecht? Was kann ich wissen? Wie entlarve ich Falsches und Unaufrichtiges? Wie entkomme ich der eigenen Eitelkeit?), sind nicht nur zeitlos, sondern besonders heute von ungeahnter Aktualität und Relevanz.

Angefangen bei der Fake-News-Debatte bis hin zu Fragen der Cancel Culture sind wir heute in besonderem Maße genau mit dem konfrontiert, worüber sich schon Sokrates den Kopf zerbrochen hat.

Gerade im Zeitalter der sozialen Medien gewinnen die Themen des Sokrates, dessen philosophische Praxis auf Dialog gegründet, also im eigentlichen Sinne immer sozial war, wieder Brisanz und Präsenz.

Auch die Krise des Akademischen mit dem Niedergang der Universitäten als ursprünglichen Stätten der geistigen Erneuerung und des intellektuellen Gewissens von Gesellschaften macht sokratisches Denken notwendiger denn je.

Weil die kritische Diskussion und der geistige Fortschritt schon seit einiger Zeit – wie schon Stefan Zweig feststellte – nicht mehr an den Universitäten stattfinden, sondern außerhalb, wird die Agora – heute in ihrer elektronischen Form als Internet – zum Mittelpunkt des Austauschs nicht nur von Gütern, sondern besonders auch Ideen.

Sokrates wäre heute also sicher kein bücherschreibender Philosophieprofessor, sondern sehr viel eher ein bekannter YouTuber, der allerdings wahrscheinlich keinen eigenen Kanal gegründet hätte, um digitale Kurse zu verkaufen oder anderweitig zu „monetarisieren", sondern wohl kostenlos als äußerst beliebter Interviewpartner zur Verfügung stehen würde.

Sokrates' Geist lebt mehr in den modernen sozialen Medien der jungen Generation fort als in den muffigen Professorenstuben hoffnungslos veralteter philosophischer Fakultäten in hoffnungslos vernachlässigten Universitäten, deren Irrelevanz sich immer weiter beschleunigt, ohne dass es die selbstgefälligen Staatsbediensteten, die dort „hochschulpolitisch" um sich selbst kreisen, auch nur bemerken würden.

Besonders die computeraffine Jugend, die Generation Z und die Millenials, würde ihn lieben, während die etablierten Boomer ihm eher kritisch gegenüberstehen, vielleicht sogar versuchen würden, ihn mundtot zu machen. Er würde sich davon nicht beeindrucken und einschüchtern lassen, sondern seine intelligenten, witzigen und unterhaltsamen Interviews, in denen er raffinierte Dialogstile angewandt hätte, unbeirrt fortführen, ganz ohne Rücksicht auf seine eigene Reputation oder wirtschaftliche Situation.

Vielleicht wäre er ein sogenannter Frugalist, der neben seiner geistigen, auch die finanzielle Unabhängigkeit wichtig finden würde.

Wahrscheinlich würde er mit seiner feinen Ironie und seiner Fähigkeit, sich auch über sich selbst lustig zu machen, einen guten Briten abgeben. Mit seiner signifikanten Sprache, seinem Sprachwitz und seinem klassischen Akzent würde er viele Millionen Menschen erreichen, die gesamte Welt-Polis. Auf dem Arbeitsplatz und in der Freizeit, bei Empfängen und Partys würde man seine neuesten Videos und Internetauftritte diskutieren.

Dabei dürfte ihm die marktschreierische Omnipräsenz eines alles- und besserwisserischen Richard David Precht ebenso zuwider sein wie die institutionalisierte Philosophie eines unterwürfigen Heidegger. Den akademischen Betrieb würde er verachten, den Publikationszwang lächerlich finden und das Schreiben von Büchern überflüssig. Dennoch würde er heute wahrscheinlich begeistert die moderne Agora, den neuen Marktplatz, der nicht nur zu einem Stadtstaat, sondern zur ganzen Welt gehört, aufsuchen und mit allen möglichen Menschen, unabhängig von ihren Auffassungen und ihrer Herkunft, auf YouTube, Twitter, Facebook und WhatsApp über Gott und die Welt, vor allem aber über den Menschen, sein Wesen, und darüber, was Gut und Böse ist und was man überhaupt wissen kann, diskutieren. Er würde alles und jeden hinterfragen, sich nicht um Autoritäten scheren und unbequeme Wahrheiten aussprechen. Er wäre unbequem und politisch inkorrekt. Dabei würde er aber nie ein Gesetz brechen. Er wäre ein disruptiver Influencer im besten Sinne.

Über die sozialen Medien würde er einige Berühmtheit erlangen. Vor allem die jungen Leute, die Digital Natives, würden begeistert an seinen Lippen hängen. Am Ende aber würde er womöglich Opfer von Cancel Culture und Deplatforming werden und (mund-)tot gemacht.

Gerade weil Sokrates nichts Schriftliches hinterlassen hat und trotz einer sehr vielschichtigen Überlieferung und Rezeptionsgeschichte, die dennoch vieles im Dunkeln lässt, eignet er sich ganz hervorragend als Projektionsfläche für die eigene Philosophie. Damit wirkt Sokrates in uns, so wie er es immer beabsichtigt hat und so wie er es – beginnend mit Platon und Xenophon – in den letzten 2.500 Jahren immer wieder getan hat. In jedem einzelnen Menschen kann und soll ein individueller „persönlicher Sokrates" entstehen.

Stell dir einen Philosophen vor, wie er in deiner Phantasie idealerweise sein sollte: So war Sokrates. Das ist Sokrates.

Quellen und Literatur

Diogenes Laertios: Leben und Lehre der Philosophen, hg. von Fritz Jürß, Stuttgart 1998.

Figal, Günter: Sokrates, 3. Aufl., München 2006.

Martens, Ekkehard: Sokrates. Eine Einführung, Stuttgart 2004.

Martin, Gottfried: Sokrates, 23. Aufl., Reinbek bei Hamburg 2009.

Platon: Sämtliche Werke. In der Übersetzung von Friedrich Schleiermacher, hg. von Walter F. Otto, Ernesto Grassi und Gert Plamböck, 6. Bde., Hamburg 1982 (Bd. 1: Apologie, Kriton u. a.).

Russell, Bertrand: Philosophie des Abendlandes. Ihr Zusammenhang mit der politischen und sozialen Entwicklung, 5. Aufl., Wien/Zürich 1988.

Thome, Johannes: Psychotherapeutische Aspekte in der Philosophie Platons, Hildesheim/Zürich/New York 1995.

Xenophon: Erinnerungen an Sokrates, hg. von Peter Jaerisch, München/Zürich 1987.

Ebenfalls erhältlich

Fritz Gregor Herrmann
Platon
Begründer der Philosophie
Philosophie für unterwegs, Band 18

ISBN 978-3-96311-850-0

Der griechische Gelehrte Platon (um 424–347 v. Chr.) ist der Begründer der abendländischen Philosophie. Er fasste in seinen Schriften Erkenntnis, Wissen und Weisheit seiner Zeit zusammen, erfand und prüfte neue Forschungsmethoden. So untersuchte er auch die Grundlagen menschlichen Zusammenlebens und gesellschaftlicher Organisation. In seiner politischen Psychologie setzte er sich für Gleichberechtigung und Chancengleichheit ein. Fritz Gregor Herrmann gibt eine Einführung in die großen Themen, die Platon in seinen Dialogen vorstellt.

www.mitteldeutscherverlag.de